NOTICE

SUR

MME DAGUIN

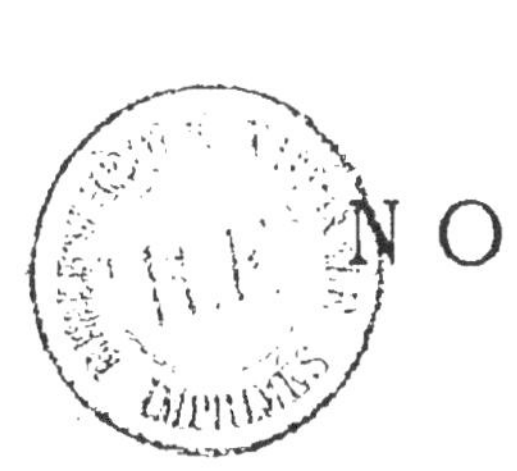

A *Monsieur* A. *DAGUIN*

———

Mon cher ami,

Vous m'avez reproché, lorsque j'ai parlé de vous, de ne pas m'être borné à une simple nomenclature de vos travaux. Aujourd'hui il s'agit de votre mère ; vous n'avez pas le droit d'empêcher, par un excès de modestie, que les vertus trop ignorées de Madame Daguin ne soient mises en lumière. En les faisant connaître, je n'accomplis qu'un acte de justice. Je vous dédie donc ce petit opuscule, en vous priant de l'accepter sans restriction.

Croyez-moi toujours votre dévoué,

M. VAY.

NOTICE

SUR

MME DAGUIN

(VALÉRIE-ROSE GIRARD)

PAR

M. V***

ARCIS-SUR-AUBE

LÉON FRÉMONT, IMPRIMEUR-ÉDITEUR

1884

NOTICE

SUR

MME DAGUIN

L est des êtres qui paraissent n'avoir été mis sur la terre que pour consacrer à l'humanité la vie qui leur a été donnée ; des êtres dont le dévouement constant est d'autant plus méritoire que, s'exerçant et voulant s'exercer sans bruit, il n'est presque jamais connu que de ceux auxquels il vient en aide. Attentives aux misères morales ou physiques qui les entourent, habiles à découvrir celles qu'on leur cache, ces âmes d'élite sont ingénieuses à trouver les moyens de remédier aux maux de leurs semblables, et chaque être souffrant trouve près d'elles soulagement et consolation. Ainsi s'écoule leur existence remplie de bonnes œuvres que leur modestie dérobe à la foule, et dont le souvenir n'est conservé que par quelques cœurs reconnaissants. A cette catégorie de bienfaiteurs de l'humanité appartenait la femme de bien dont nous allons retracer la vie.

Jeune fille, elle se nommait Valérie-Rose Girard. Née à Nogent (Haute-Marne), le 18 février 1825, d'une ancienne famille qui, pendant les deux derniers siècles, avait été en possession des premiers emplois en la prévôté du lieu, elle était la dernière des quatre enfants issus du mariage de Julien-Jean-Baptiste Girard et de Marie-Reine-Catherine Charles. Dès sa plus tendre jeunesse, Rose montra toute la générosité de son cœur : elle adopta en quelque sorte une pauvre vieille, sa voisine, dont elle se fit l'ange gardien, la secourant de tous ses faibles moyens, lui rendant mille services, guidant même ses pas débiles vers les personnes charitables. Cette liaison dura plusieurs années, et la vieille amie de Rose mourut en bénissant sa jeune bienfaitrice. Mais passons sous silence les nombreuses occasions où enfant, puis jeune fille, mademoiselle Girard se plut à soulager les malheureux.

Rose venait d'atteindre sa vingt-troisième année quand (19 mars 1848) elle épousa Jean-

Baptiste Daguin, fils de Claude Daguin et de Geneviève-Marguerite Boudeville. De cette union naquirent deux enfants, un fils et une fille. Les soins de la maternité n'empêchèrent pas madame Daguin de continuer à répandre les bienfaits autour d'elle ; son zèle charitable se fit surtout remarquer lorsque le choléra envahit pour la troisième fois la contrée, semant partout des victimes. Elle eut même le courage de s'éloigner momentanément des siens et de se rendre dans une ville infectée par l'épidémie, pour y recueillir une enfant devenue subitement orpheline et dont elle fit sa seconde fille. Mais bientôt la vertueuse femme est frappée dans ses plus chères affections : son époux meurt le 31 octobre 1858. Veuve à trente-trois ans, madame Daguin pleura toute sa vie le mari qu'elle avait perdu ; et, répudiant les conseils de personnes amies qui la pressèrent maintes fois de contracter de nouveaux liens, elle partagea désormais son existence entre les soins qu'elle donna à ses enfants, la sollicitude dont elle entoura la vieillesse de ses parents, et l'exercice plus complet de ses œuvres de charité.

Née et élevée à Nogent, centre de la fabrication et du commerce de la coutellerie dans la contrée, madame Daguin avait été témoin des misères qui, dans les moments de chômage, accablent la population ouvrière. Quand le gain est minime, quelle que soit l'économie avec laquelle vive l'ouvrier nogentais, il ne peut arriver à se constituer, lorsque l'ouvrage abonde, des épargnes suffisantes pour faire face à toutes les éventualités. De combien de dépenses, en effet, son faible budget n'est-il pas grevé ? Il faut tout d'abord qu'il fasse vivre sa famille, souvent nombreuse ; et le travail auquel il est adonné nécessite pour lui-même une nourriture aussi réconfortante que possible. Puis vient la question du loyer. Il faut ensuite vêtir la famille ; mais déjà les ressources sont presque entièrement épuisées, et l'on a la douleur de voir pendant l'hiver, fort rigoureux dans ce pays, de pauvres gens et leurs enfants, mal chaussés, mal préservés du froid par des vêtements insuffisants. Que le chômage ou la maladie survienne, la misère devient affreuse.

Madame Daguin, dont l'âme compatissante

était vivement émue par ce triste état de choses, prit la résolution de fournir de vêtements ses compatriotes nécessiteux. Bien que sa fortune personnelle fût des plus modestes, elle ne craignit pas d'entreprendre une tâche aussi considérable : il ne s'agissait point, en effet, de venir en aide à dix ou douze familles, comme on pourrait le croire, mais à plus d'une centaine ; il fallait visiter toutes ces personnes, s'enquérir des besoins les plus pressants, prendre les mesures, se procurer les étoffes, les couper, essayer les vêtements, les terminer, les distribuer avec justice. Tous les instants qui n'étaient pas pris par les soins que réclamaient ses enfants, madame Daguin les consacra à son œuvre, et rien ne put arrêter son zèle, ni les fatigues, ni les peines, ni les critiques, ni les refus qu'elle essuyait parfois quand elle sollicitait des dons pour ses pauvres. Enfin sa persévérance porta ses fruits : son exemple entraîna plusieurs charitables nogentaises, et, sous sa direction, se fonda une société de dames qui s'engagèrent à fournir chaque année une cotisation et à venir travailler pour les pauvres chaque jeudi, pendant quatre heures, chez madame Daguin. Mais celle-ci resta l'âme de l'œuvre qu'elle avait fondée : elle seule continuait à se charger des visites à ses protégés, de l'achat des étoffes, de la coupe et de l'essayage des vêtements, et, quand, au jour fixé, ses associées arrivaient, elles trouvaient tout préparé le travail du jour. Elle seule aussi se chargeait des comptes, de l'enregistrement des demandes, de la distribution des vêtements et des dons obtenus ; un registre de ces comptes, conservé pieusement par son fils, qui nous l'a communiqué, témoigne aujourd'hui du nombre de familles ainsi secourues. Au milieu de tant de soins, madame Daguin trouvait encore le temps et le moyen d'exercer d'autres œuvres de bienfaisance : elle aidait les pauvres de son argent ; elle rendait visite aux malades, les consolait, et ne craignait pas de panser de ses propres mains des plaies souvent répugnantes.

Depuis neuf années cette femme d'élite poursuivait son œuvre de dévouement quand éclata la guerre avec l'Allemagne. Déjà, madame Daguin ressentait les premières atteintes du mal qui devait, jeune encore, l'enlever à l'affection,

à la reconnaissance de tous ; bientôt, à ses souffrances physiques, vinrent se joindre les tortures
morales : l'éloignement de son fils parti au secours
de la patrie ; l'incertitude pendant de longs mois
sur le sort de ce fils qu'elle savait exposé ; la
douleur que causait à tous, en ces moments ter-
ribles, la vue de la France envahie. Tant de
peines, cependant, ne sont pas capables d'abat-
tre la courageuse madame Daguin et de l'empêcher de s'occuper encore des misères de ses
compatriotes. Au mois de décembre, l'ennemi
pénètre dans la ville ; repoussé deux jours de
suite, grâce au patriotisme des habitants, il re-
vient bientôt avec des forces suffisantes et
Nogent est en proie au bombardement, au pil-
lage, à l'incendie. De nombreux blessés ; 85 mai-
sons brûlées avec leur mobilier ; 500 à 600 personnes sans asile, sans ressources, au cœur de
l'hiver : tels furent les résultats de la funeste af-
faire du 12 décembre 1870. En présence de ce
désastre, oubliant ses angoisses personnelles et
les souffrances que sa maladie lui cause, madame
Daguin, au milieu du trouble et du désordre,
prend une généreuse initiative : elle sollicite

partout et recueille pour les malheureuses victimes, auxquelles elle les distribue de suite, des objets de literie, du linge, des vêtements, les meubles les plus nécessaires.

Reprenant sa tâche un moment suspendue, elle se remet à confectionner des vêtements pour ses chers protégés, devenus maintenant plus nombreux ; mais, cette fois, elle est seule : la Société désorganisée par la guerre n'a pu se reconstituer. La santé de madame Daguin s'affaiblissait cependant chaque jour davantage ; mais, tant qu'elle put lutter contre le mal qui la minait, elle travailla de ses mains pour ses pauvres, qui, jusqu'à son dernier soupir, furent l'objet de sa sollicitude. Elle languit encore environ une année, supportant avec le plus grand courage les vives souffrances qu'elle éprouvait ; le 30 janvier 1872, elle s'éteignit à Chaumont entre les bras de ses enfants.

Bien que douze années se soient écoulées depuis le jour où la population nogentaise tout entière conduisit, en deuil, à sa dernière demeure, la dépouille mortelle de celle qui s'était acquis l'estime de chacun et qui avait voué son existence au soulagement de ses compatriotes infortunés, le souvenir de leur bienfaitrice, qui n'a pu être remplacée, est encore vivant dans le cœur de ceux qu'a secourus *la bonne madame Daguin,* comme ils l'appelaient et comme ils l'appellent encore. Cette épithète : *bonne,* inséparable du nom de madame Daguin, n'est-elle pas le plus bel éloge qu'on puisse faire de sa vie si courte, mais si bien remplie ?

Arcis-sur-Aube. — Imp. Léon Frémont.